Traducido por Pepa Arbelo

Título original: *River Stories*

Publicado por primera vez en el Reino Unido por Egmont UK en 2019

© Del texto: Timoty Knapman, 2019
© De las ilustraciones: Ashling Lindsay e Irene Montanaro, 2019
© De esta edición: Grupo Editorial Luis Vives, 2019

Impreso en China

ISBN: 978-84-140-2345-7
Depósito legal: Z 884-2019

Todos los derechos reservados. Cualquier forma de reproducción, distribución, comunicación pública o transformación de esta obra solo puede ser realizada con la autorización de sus titulares, salvo excepción prevista por la ley. Diríjase a CEDRO (Centro Español de Derechos Reprográficos) si necesita fotocopiar o escanear algún fragmento de esta obra. (www.conlicencia.com; 91 702 19 70 / 93 272 04 47).

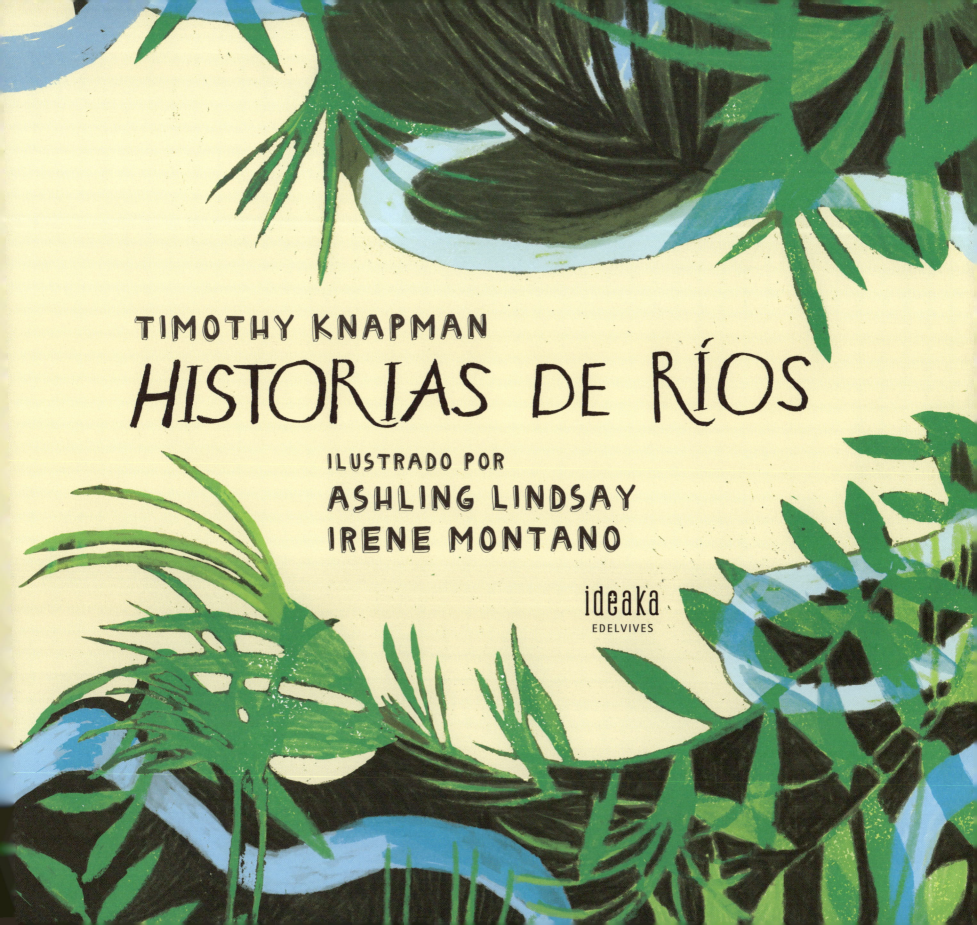

TIMOTHY KNAPMAN
HISTORIAS DE RÍOS

ILUSTRADO POR
ASHLING LINDSAY
IRENE MONTANO

ideaka
EDELVIVES

ACCIDENTES A PARES

El escritor Ernest Hemingway, un enamorado de la aventura, y su esposa Mary sobrevolaban las cascadas Murchison en 1954 cuando su avión se estrelló. Sobrevivieron, pero el avión de rescate también sufrió un accidente durante el despegue. Al final prosiguieron su viaje en coche.

Alrededor de un 85% del agua del Nilo procede del macizo Etíope.

FESTIVALES

Los espectáculos de música, baile y arte de Kisumu, a orillas del lago Victoria, celebran las múltiples culturas del río. También alertan sobre las inundaciones y sequías debidas al cambio climático.

EL ESPÍRITU DEL NILO AZUL

El primer día del año, los agricultores etíopes arrojan pan y leche al río como ofrenda a sus espíritus. Según sus creencias, el río tiene poderes curativos y hace de todos los que viven junto a él una sola familia.

Río Kagera
RUANDA
BURUNDI
TANZANIA
Lago Victoria
KENIA
UGANDA
Kisumu
Cascadas Murchison
Nilo Blanco
ETIOPÍA
Nilo Azul

LA PIÑA GIGANTE

La Torre de El Cairo se terminó en 1961 y es el edificio más alto de Egipto (con 187 m). Su diseño de celosía representa la flor de loto, símbolo de la creación y el renacimiento en el antiguo Egipto. Algo que no ha impedido que a algunos les parezca una enorme piña.

EL RESCATE DE UN DIOS

Hubo un tiempo en el que en la desembocadura del río se alzaba una estatua gigantesca de Hapi, el dios del Nilo. Un terremoto la envió al fondo del mar, donde estuvo olvidada más de 2000 años. En 2001 los arqueólogos la rescataron de las profundidades, y ahora el dios vuelve a ocupar su lugar.

MAR MEDITERRÁNEO

SIDI Y LA FUENTE DEL NILO

Todos los ríos, al igual que todas las historias, tienen un origen. ¿Cuál es el del Nilo? En el siglo XIX, algunos exploradores europeos viajaron al este de África en su busca. El guía Sidi Mubarak Bombay condujo al explorador John Hanning Speke durante una osada expedición para desvelar el secreto de la fuente del Nilo.

En 1858, Sidi guio a John y a su equipo y los mantuvo a salvo durante una expedición larga y agotadora. Cuando llegaron al lago Ukerewe, John había perdido parcialmente la vista y había tenido que extraerse un escarabajo del oído, así que le tocó a Sidi capitanear las barcas.

El lago se extiende por las actuales Tanzania, Kenia y Uganda.

John declaró que ese lago era la fuente del Nilo, y casi acierta: su verdadero nacimiento está en uno de los afluentes del río Kagera, que desemboca en el lago por el oeste.

El lago Ukerewe se rebautizó como lago Victoria, en honor a la reina de Inglaterra.

Ahora que sabemos por dónde comenzar, zarpemos río abajo en busca de más historias de valor, tesón y amistad...

LAS LÁGRIMAS DE ISIS

El dios Set, celoso de su hermano Osiris (que gobernaba en Egipto), lo mató y arrojó su ataúd al Nilo. Pero su esposa Isis lo encontró. Osiris renació y se convirtió en el soberano del inframundo. En la antigüedad, cuando el Nilo se desbordaba, se achacaba a las lágrimas derramadas por Isis.

EL ÚLTIMO VIAJE DE LAS ALMAS

Las grandiosas pirámides que construyeron los antiguos egipcios eran tumbas para la realeza. A menudo, junto a las pirámides enterraban unas barcas para que los faraones viajaran al más allá. Un grabado hallado en una tumba muestra a un rey fallecido (con envolturas de momia) sentado en un bote funerario que desciende por el Nilo en su viaje hasta el inframundo.

LA MALDICIÓN DEL REY TUT

La tumba del faraón niño Tutankamón fue descubierta por Howard Carter en 1922. Varias personas relacionadas con la tumba fallecieron misteriosamente. Carter no creía en la maldición del rey. Solo vivió 17 años más.

A Osiris se le suele representar con la piel verde, el color del renacimiento.

La Presa Alta de Asuán ayuda a controlar los desbordamientos del Nilo. Para construirla trabajaron 25 000 personas durante 10 años.

La piedra con la que se construyeron las pirámides se transportó en barcazas desde canteras localizadas Nilo abajo.

El Nilo, que emerge en el corazón boscoso de África, es el río más grande del mundo. A lo largo de 6695 km discurre por selvas misteriosas e imponentes montañas, lagos resplandecientes y áridos desiertos mientras los ibis escarlata lo sobrevuelan. El río desciende en picado en sus cataratas y fluye dando tumbos por los rápidos hasta que, al fin, desemboca en el mar Mediterráneo.

Conozcamos las leyendas e historias que se tejieron aquí: relatos de vida y muerte, de hombres y dioses, de misterio y aventuras.

KAYAK INDIVIDUAL

Janet Moreland fue la primera estadounidense en navegar todo el río en kayak. Tras siete meses y medio agotadores y varias tormentas, llegó al golfo de México en diciembre de 2013.

WISCONSIN

ILLINOIS

Rock Island

EL MONSTRUO PEPIE

Durante muchísimos años, en el lago Pepin se han sucedido los avistamientos de un monstruo con forma de serpiente gigante. Según cuentan, Pepie es capaz de saltar del agua y atrapar pájaros al vuelo.

Lago Pepin

En 1856 se construyó el primer puente ferroviario que atravesaba el río.

IOWA

EL INVENTO DE RALPH

«Si se puede esquiar en la nieve, se puede esquiar en el agua», pensó el joven Ralph Samuelson, de 18 años, y en el verano de 1922 se decidió a comprobarlo. Fijó dos tablas de madera a sus pies y se impulsó con una barca pilotada por su hermano. Así inventó el esquí acuático.

MINNESOTA

Lago Itasca

HURACÁN KATRINA

En agosto de 2005 una tormenta tropical causó la muerte a 1464 personas y pérdidas de más de 70000 millones de dólares. El huracán Katrina destruyó los diques de contención del río y gran parte de Nueva Orleans se inundó.

TENNESSEE

MISISIPI

LA DIVISIÓN DEL SUR

Durante la guerra civil estadounidense (1861-1865), Ulysses S. Grant, general del ejército del norte, trazó un plan para controlar el bajo Misisipi y dividir el territorio de sus enemigos en el sur. Para ello, en 1863 tomó la ciudad de Vicksburg, lo que supuso el principio del fin de la guerra.

Nueva Orleans

LA CASA DE UN REY

Graceland, una mansión de lujo en Memphis, era la casa de Elvis Presley, conocido como el rey del *rock and roll*. Entre sus 23 habitaciones había un cuarto de la selva, con su cascada y todo.

Vicksburg

Memphis

Golfo de México

Los vapores eran barcos de poco calado que utilizaban potentes motores de vapor para propulsar unas ruedas con paletas que les permitían desplazarse en el agua.

LA MÚSICA DEL DELTA

El *jazz* y el *blues*, las formas musicales afroamericanas que contribuyeron a la aparición del pop moderno, surgieron allí donde el Misisipi se encuentra con el mar. El *jazz* es alegre, el *blues* se inspira en recuerdos tristes, a menudo vinculados a la esclavitud. Del guitarrista de *blues* Robert Johnson se decía que debía su enorme talento a que había vendido su alma al diablo.

LA COMPOSITORA

En 1933, Florence Price, nacida en Arkansas, se convirtió en la primera mujer afroamericana cuya sinfonía era interpretada por una orquesta importante. Su obra *Mississippi River Suite* utiliza las melodías populares para evocar la vida en el río.

LUISIANA

ARKANSAS

LA CIUDAD PERDIDA DE CAHOKIA

En el siglo XII, Cahokia, enclavada a orillas del Misisipi, era el corazón de una cultura que se extendía por lo que hoy es el este de Estados Unidos, pero sus habitantes abandonaron misteriosamente la floreciente ciudad. ¿Sería a causa del río?

La ciudad abarcaba 15 km², con largas avenidas salpicadas por 120 montículos de tierra, el mayor, de más de 30 m de alto.

Los habitantes de la zona llamaban al río Misi-ziibi («río grande»).

En Cahokia vivieron hasta 20 000 personas. Todas ellas dependían del río, unas porque subsistían de la pesca y otras porque necesitaban los canales de irrigación para regar los cultivos.

A finales del siglo XII, la ciudad estaba abandonada. ¿Por qué? Quizá sus habitantes talasen tantos árboles para obtener leña que el terreno se inundaba con regularidad, destruyendo los cultivos que les servían de alimento. Solo el río lo sabe. La historia de Cahokia es solo uno de los increíbles relatos que guarda el Misisipi. En el recorrido desde su nacimiento hasta el mar, podremos descubrir muchos más.

La ciudad era un puerto bullicioso al que llegaban, desde muy lejos, barcas con cobre y otros tesoros para hacer intercambios.

CIUDAD FANTASMA

En el siglo XIX, cuando los barcos de vapor surcaban el río, Cairo, en Illinois, era una ciudad bulliciosa. Conforme se construyeron puentes, el tráfico empezó a circunvalar la ciudad, los negocios cerraron y la población se fue marchando. Solo quedan, testigos de una época pasada, los edificios históricos, que se deterioran lentamente.

Cairo

KENTUCKY

EL FERROCARRIL SUBTERRÁNEO

La organización clandestina Ferrocarril Subterráneo ayudó a muchas personas a escapar de la esclavitud. Los afroamericanos que trabajaban en los barcos de vapor escondían a algunos de aquellos esclavos fugitivos y los llevaban al norte.

EL MISTERIO DEL MISSOURIUM

En 1840 encontraron en Misuri el esqueleto de un mastodonte (un pariente prehistórico del elefante). Albert Koch, propietario de un museo, le añadió más huesos para conseguir un animal de 10 m de largo. Llevó su Missourium a Londres y los expertos lo desenmascararon.

A menudo los barcos zarpaban por la noche. Los esclavos que no lograban subir a uno tenían que viajar a pie hasta Canadá.

El río Misisipi ha llegado a discurrir en sentido contrario en varias ocasiones. En 1812, un terremoto provocó un tsunami fluvial que hizo retroceder el río hacia su nacimiento.

EL VIAJE DE LINCOLN

Durante su adolescencia, el presidente Abraham Lincoln navegó por el Misisipi unos 1500 km, en un barco cargado de carne de cerdo y patatas que vender en Nueva Orleans. En este viaje fue testigo de la crueldad de la esclavitud en el sur.

Davenport

ARRIBA EL TELÓN

En las décadas de 1830 y 1930, los *showboats* (barcos que integraban un teatro a bordo) llevaron espectáculos de música y baile —incluso atracciones de circo— hasta las ciudades a orillas del río. ¡Algunos tenían un aforo de 3400 espectadores!

MISURI

El río Misisipi, que atraviesa Estados Unidos de arriba abajo, suministra agua a millones de personas y cobija a más de 1000 especies animales. Nace en el lago Itasca, en Minnesota, y, a pesar de que el lago se congela en invierno, el río no deja de fluir gracias a los manantiales subterráneos de agua cálida.

Una gota de agua tarda tres meses en llegar desde ese lago helado hasta las templadas aguas del golfo de México. En nuestro viaje descubriremos relatos de aventuras y dificultades, de música y misterios, y una ciudad perdida hace mucho tiempo.

El Rin nace en un glaciar en lo alto de los Alpes suizos.
Se origina como un simple arroyo, después se ensancha
y se hace profundo en lagos resplandecientes antes de precipitarse
en las majestuosas cataratas del Rin.
En Alemania sus orillas están tapizadas de viñedos y salpicadas
de castillos de ensueño; en los Países Bajos su cauce se abre
formando un delta fértil, lleno de flores alegres en verano,
hasta que vierte sus aguas al mar.

Sigamos el Rin mientras serpentea y susurra relatos
de música y magia, de héroes y villanos y de tribus valientes
que afrontan peligrosos viajes.

LOCOS POR EL BAILE

Hace mucho tiempo, varias aldeas a lo largo del Rin se vieron afectadas por una peculiar locura: no dejar de bailar. En 1374 centenares de personas se contonearon sin descanso durante días enteros. Una teoría afirma que enloquecieron por la toxina de un hongo que creció en los cereales a causa de las inundaciones del Rin a principios de ese año.

EL MISTERIO DENTAL

En 2016, se hallaron dos dientes fosilizados entre la grava y la arena del antiguo cauce del Rin, cerca de Eppelsheim. Algunos creen que estos fósiles de 9,7 millones de años pertenecen a una especie desconocida de antepasados de los humanos.

EL CASTILLO FRANKENSTEIN

En 1814, la joven Mary Shelley, de 17 años, viajó por el Rin y se detuvo en Gernsheim. A unos 20 km de distancia se encontraba el castillo Frankenstein. Se decía que allí el alquimista Johann Dippel realizaba experimentos con muertos. Mary Shelley utilizó el nombre del castillo para llamar al protagonista de su libro más famoso, en el que un científico generaba vida a partir de cadáveres.

LA SIBILA DEL RIN

Hildergarda de Bingen, la Sibila del Rin, fue tan famosa que los peregrinos viajaban desde toda Europa para conocerla. Esta monja fundó una abadía cerca de Rüdesheim en 1165, escribió sobre ciencia y medicina y compuso música que hoy se sigue interpretando.

GERDA Y LA NINFA

Gerda vivía en el castillo de Rhinestein. Su padre le ordenó casarse con un anciano rico al que no amaba. Gerda lloró tanto que una ninfa de las aguas se apiadó de ella, lanzó una piedra contra un avispero, las avispas hicieron encabritarse al caballo del anciano, este cayó al Rin y se ahogó.

LORELEI, LA ROCA DEL SUSURRO

Hace tiempo, un hombre acusó falsamente a una hermosa joven de haberlo embrujado. Cuando la llevaban a prisión, la joven se lanzó al Rin. Los navegantes empezaron a hablar desde entonces de una mujer que, sentada en la roca del Susurro, cantaba una canción tan cautivadora que muchos perdían el control y naufragaban.

El compositor Richard Wagner estaba obsesionado con el río. Su serie de óperas, El anillo del nibelungo, trata de un anillo mágico que un enano le robó al río. La finalizó en 1874, tras 26 años de trabajo.

Estas tribus arrasaron toda la Galia (actual Francia), un desafío al poder de los romanos y un acicate para que otros siguieran su ejemplo. Algo que marcó el inicio de la caída del Imperio romano.

En el pasado, el Rin separó a las tribus germanas de los romanos y de muchos otros pueblos, pero también los unió a través del comercio y el intercambio de crónicas y mitologías.

LAS TRIBUS QUE CRUZARON EL RIN

Hace 2000 años, al este del Rin vivían tribus germanas orgullosas de su libertad. El poderoso Imperio romano no había logrado conquistar sus territorios, a pesar de intentarlo, y durante muchos años el río sirvió de frontera. Sin embargo, un frío día de invierno del año 406, esas tribus emprendieron un viaje lleno de peligros que cambiaría el curso de la historia.

Cuando los temibles hunos (nómadas del este) empezaron las incursiones en su territorio, las tribus germanas decidieron cruzar el Rin y huir hacia el oeste, a territorio romano.

Se sirvieron de carretas tiradas por caballos para trasladar toda su vida de una orilla a la otra.

Llegaron al Rin el último día del año. Dicen que hacía tanto frío que el río se había congelado, lo que facilitó cruzarlo. Guerreros a caballo, granjeros que pastoreaban el ganado y mujeres con niños se adentraron en el hielo entre remolinos de nieve.

MILLONES DE BULBOS

El primer tulipán, importado de Asia central, floreció en los Países Bajos en el siglo XVI. Actualmente, este país exporta al año hasta 3000 millones de flores y bulbos. Las flores crecen muy bien en su suelo, mezcla de arena y arcilla e irrigado por canales y ríos.

Allí donde el delta y el mar se encuentran, una red de canales y represas mitigan el riesgo de inundación.

LA TRAVESÍA DE BEETHOVEN

El gran compositor Ludwig van Beethoven nació en Bonn. Uno de sus recuerdos más felices era el de un viaje que hizo río arriba con una orquesta en 1791, cuando tenía 20 años. Los músicos estaban de un humor excelente y no dejaban de reír y gastarse bromas.

Bonn

En el siglo XVIII se construyeron 19 molinos de viento en Kinderdijk con el fin de bombear el agua hasta un embalse próximo y desecar el terreno.

EL GATO Y LA CUNA

Cuenta la leyenda que, tras la inundación de 1421, un hombre avistó una cuna de madera en las aguas y un gato que saltaba sobre ella de un lado al otro, tratando de mantenerla en equilibrio. Cuando la tuvo cerca entendió lo que ocurría: ¡dentro había un bebé!

ALEMANIA

LA ROCA DEL DRAGÓN

El gran héroe Sigfrido, famoso en la mitología nórdica y germana, llegó aquí para enfrentarse al temible dragón Fafnir, que habitaba en una cueva en la cima de una roca. Sigfrido mató a Fafnir, se bañó en su sangre y se volvió invulnerable.

PAÍSES BAJOS

SUIZA

EL INVENTO QUE CAMBIÓ EL MUNDO

En la década de 1440, en Estrasburgo (Francia), el alemán Johannes Gutenberg comenzó a trabajar en su revolucionaria imprenta. Con ella logró que imprimir resultara más rápido y barato, y en poco tiempo ya se comerciaba con libros a lo largo de todo el río, con la consiguiente difusión de ideas e historias.

Estrasburgo

UNA HUIDA PRECIPITADA

Las cataratas del Rin, en Suiza, con sus 23 m de altura, son el mayor salto de agua de Europa. En 1449, Schloss Laufen, el castillo junto a las cataratas, fue sitiado y sus habitantes tuvieron que descolgarse por una cuerda y cruzar a nado para escapar.

Las cataratas del Rin

Basilea

La Selva Negra

EL HOMBRE SALVAJE

Cada enero, una balsa transporta a un «salvaje» por el curso del Rin. El hombre carga con un pino como símbolo de nueva vida. Cuando llega a un puente en Basilea, se une a un león y un grifo en un baile que representa la unión entre distintas comunidades.

La Selva Negra debe su nombre a que la densidad del follaje impide el paso de luz.

BOSQUE DE CUENTOS

Jacob y Wilhelm Grimm recorrieron Alemania a comienzos del siglo XIX recopilando los cuentos populares. Es probable que la Selva Negra fuera el escenario original de los cuentos que estos hermanos escribieron sobre Hansel y Gretel y sobre Caperucita Roja y el lobo feroz.

30 000 TIBURONES

La isla de Chongming, en el delta del Yangtsé, tiene una reserva natural y un humedal. En junio de 2017 se soltaron 30 000 tiburones chinos para reponer las reservas de la especie, mermadas a causa de la pesca y la contaminación.

LOS SOLDADOS DESAPARECIDOS

El 10 de diciembre de 1939 enviaron a 3000 efectivos chinos a defender de los japoneses un puente sobre el Yangtsé. Al día siguiente, todos habían desaparecido, sin que los centinelas vieran nada. Todavía sigue sin saberse qué les sucedió a los soldados en Nankín.

Es posible que el baiji, el delfín del Yangtsé, ya se haya extinguido por el tráfico fluvial y la pesca.

Las islas del delta, formadas por las rocas y la arena que deposita el río, se desplazan lentamente y cambian con el tiempo.

Río Huangpu

Shanghái

CAMBIO DE CURSO

En el siglo III a. C., eran frecuentes las inundaciones del río Huangpu. Para evitarlas, el señor Chunshen ordenó que se excavase un nuevo curso del río que desembocara en el Yangtsé. Shanghái, una de las ciudades más grandes del mundo, creció a su orilla.

LA DIOSA DELFÍN

Una joven, cuyo malvado padre la llevaba en barco hasta el mercado para venderla, se lanzó a las aguas del río en mitad de una tormenta. La mujer se transformó en un delfín, el baiji, al que llamaron la Diosa del Yangtsé.

MAR DE CHINA ORIENTAL

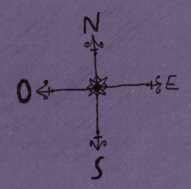

TAIWÁN

LA BATALLA DEL DRAGÓN VERDE

Hace 45 millones de años, en el actual Tíbet, se formaron unos arroyos a partir de un glaciar. Con el tiempo se transformaron en un poderoso río que discurre hacia el este: el Yangtsé. Pero según la mitología china, su nacimiento está repleto de sufrimiento, batallas y dragones.

Durante una terrible sequía, el Cielo envió a la Tierra dos dragones mágicos –uno verde y otro amarillo– para ayudar a la población. Los dragones averiguaron que el causante del desastre era Wangliang, un demonio.

Las cosechas no crecían en la tierra estéril y el pueblo se enfrentaba a la hambruna.

Los dragones de fuego abrasaron la tierra, dejando un rastro de llamas, humo y ceniza.

Wangliang envió a un ejército de 50000 monstruos a combatir a los dragones. Lucharon durante siete días y siete noches. Cuando Wangliang estaba a punto de ser derrotado, reunió a las tropas que le quedaban, las organizó en dos columnas y cada una esculpió un dragón de fuego rojo.

El dragón verde, aunque estaba agotado tras tantos días de lucha, se transformó en río y cayó sobre uno de los dragones de fuego, apagándolo para siempre. Herido, el dragón verde nunca volvió a levantarse y se convirtió en el Yangtsé. El dragón amarillo actuó del mismo modo y se convirtió en el río Amarillo.

Ahora que sabemos cómo se creó el río, sumerjámonos en sus aguas para conocer más historias de mitos y magia.

LA LEYENDA DEL DRAGÓN PLATEADO

Un hombre rico viajaba por la garganta de Longmen cuando las aguas hicieron que su barco cabecease y que toda la plata que transportaba cayera por la borda. Culpó a un muchacho de la tripulación y ordenó que lo arrojasen al río. El príncipe dragón transformó al joven en un dragón plateado que aún permanece en sus aguas y hace naufragar los barcos de los ricos.

Wuhan

LA SERPIENTE Y LA TORTUGA

Cuando el rey dragón supo del enfrentamiento entre la serpiente y la tortuga, sus generales, los ató en orillas opuestas del río. Allí se transformaron en colinas que, al tratar de morderse una a otra, iban creciendo. Hoy, en la ciudad de Wuhan, las colinas están unidas por un puente.

La presa de las Tres Gargantas es una de las centrales hidroeléctricas más grandes del mundo. La energía se obtiene cuando el río hace girar sus turbinas. Al construirse desaparecieron 13 ciudades, 140 pueblos y 1350 aldeas.

Las Tres Gargantas

LA ROCA VEN A MÍ

Cuando en 1900 el oficial chino de un barco de vapor vio que se dirigían hacia una roca en mitad del río, suplicó al capitán alemán que fuera directamente hacia ella, ya que la corriente haría que el barco se desviara y la rodearían sin peligro. El capitán, que desconocía la leyenda de la roca Ven a mí, intentó esquivarla y el barco se estrelló. Todos salvaron sus vidas excepto el capitán.

LA FIESTA DEL BARCO DRAGÓN

En el año 278 a. C., el poeta Qu Yuan se enteró de la derrota de su amada dinastía Chu durante las guerras civiles y decidió ahogarse en el río Miluo. Sus amigos acudieron rápidamente en sus largas embarcaciones para disuadirlo. Por eso, cada año se celebran regatas de barcos dragón en el río.

EL NADADOR DEL RÍO

El esloveno Martin Strel recorrió a nado el Yangtsé en 2004 y logró un récord: 4000 km en 51 días. En su proeza luchó contra el agotamiento y la fiebre. Más tarde admitió que, de haber conocido la fuerza del río, no habría empezado.

DISPUTA ENTRE HERMANAS

Las tres hermanas fluviales: Nu, Lancang y Jinsha viajaban juntas. Al llegar al primer recodo, discutieron. Nu y Lancang fluyeron hacia el sur, mientras que Jinsha viajó hacia el este en busca de amor y luz allí donde sale el sol.

PROHIBIDO EL PASO

En la antigüedad se repelía a los barcos invasores colocando cadenas de un lado a otro de la orilla. En 1264, se colgaron 7 cadenas de hierro de una longitud total de 920 m para evitar la invasión de barcos mongoles.

LA GARGANTA DEL SALTO DEL TIGRE

Un cazador persiguió a un tigre hasta una garganta con 2000 m de acantilados sobre un río que fluía a toda velocidad. El cazador pensó que lo tenía acorralado, pero el tigre saltó a una roca en medio del cauce, luego hasta la otra orilla y se puso a salvo. De ahí el nombre de la garganta.

Río Daning

El tramo superior del Yangtsé se llama río Jinsha.

El río Yangtsé, que se precipita desde las cumbres de la meseta del Tíbet, ha ido tallando estrechos valles y ha quedado flanqueado por montañas imponentes. En su cauce hacia el este, riega terrenos de cultivo y conecta aldeas, pueblos y ciudades hasta llegar al mar.

En él se libraron muchas de las batallas que han hecho de China una nación y han florecido leyendas atemporales. Avancemos en nuestro recorrido entre relatos de contiendas y buques de guerra, tigres y delfines, y dragones mágicos.

SERPIENTE MONSTRUOSA

Para asegurarse de que Yacumana, una serpiente de 30 m, no acechaba en la desembocadura del río, los marineros de la zona hacían sonar caracolas. Según decían, la bestia soltaba un potente chorro de agua con el que aturdía a sus presas antes de devorarlas. Probablemente, la anaconda, la serpiente más larga del mundo, inspiró esta leyenda.

SURFEAR EL GRAN RUGIDO

Cada año, una ola de marea hace que las aguas del Atlántico remonten el Amazonas hasta 800 km. La ola —que en lengua tupi se llama Pororoca o «gran rugido»— llega a los 4 m de altura. En ella se arremolinan pirañas, caimanes y troncos arrancados, pero aun así atrae a los surfistas más temerarios.

AGUA DULCE

Cada año el Amazonas vierte al mar agua como para llenar 2600 millones de piscinas olímpicas. Esa agua diluye la salinidad del Atlántico en muchos kilómetros a la redonda, por eso algunos marineros dicen que han bebido agua dulce incluso antes de avistar tierra.

OCÉANO ATLÁNTICO

Marajó

Entre los años 400 y 1350 prosperó la cultura marajoara, que representaba a las mujeres como heroínas y cuyos chamanes se comunicaban con el mundo espiritual.

Río Tapajós

LA CIUDAD PERDIDA

En 1930, el fabricante de automóviles Henry Ford fundó una ciudad donde fabricar el caucho de los neumáticos. A los trabajadores locales no les gustó Fordlandia: el fútbol estaba prohibido y la comida era rara (como las hamburguesas). Iniciaron una revuelta, expulsaron a los encargados y persiguieron al cocinero hasta la selva. La ciudad fue abandonada.

Fordlandia

ALDEAS ESCONDIDAS

En zonas remotas, la deforestación ha dejado al descubierto unos círculos extraños: son zanjas que rodean antiguos asentamientos del siglo xv. Esos círculos evidencian que en la selva había poblaciones cerca de arroyos más pequeños, y no solo a la orilla del Amazonas.

EXPLORADOR POR ACCIDENTE

Francisco de Orellana nunca pretendió ser el primer europeo en navegar el cauce completo del Amazonas. No fue el espíritu explorador sino la sed de riqueza y gloria la que llevó a este español al Nuevo Mundo. Pero su aventura no salió según lo previsto.

En 1541, Francisco se unió a una expedición para localizar El Dorado, una ciudad donde abundaba tanto el oro que su rey se cubría con él. Suponiendo que El Dorado hubiera existido en algún momento, hacía mucho que formaba parte de las leyendas. Los soldados de Francisco estaban exhaustos, enfermos y tan hambrientos que se comían el cuero de sus cinturones.

La expedición también tenía interés por otras mercancías valiosas como los árboles de canela, las especias y algunas plantas exóticas.

Así que Francisco se adelantó con 50 hombres para buscar comida. Encontraron un río enorme y construyeron un barco para navegar rumbo al este, hacia el Atlántico. En junio de 1542, una tribu tapuya los atacó y Francisco vio reflejadas a las amazonas de la mitología griega en sus temibles guerreras. Tiempo después, el rey Carlos I le puso nombre al río en su honor: el Amazonas.

Una historia llevó a Francisco hasta el río y otra le dio su nombre. El Amazonas engendra historias como las plantas que abundan en su profunda selva: vistosas, espléndidas y exóticas. Conozcamos alguna más.

Las mujeres tapuya, expertas arqueras, clavaron sus flechas en el barco de los españoles.

BRASIL

Río Negro

Las extensas áreas de tierra negra indican que hace miles de años ahí se quemaba madera para obtener carbón y fertilizar el terreno. Así pues, mucho antes de que llegasen los europeos una civilización enorme prosperaba en esta selva.

ÓPERA TROPICAL

En pleno boom del caucho, surgió una propuesta para que Manaos, en el corazón de la selva, contara con una sala de ópera a la altura de cualquier gran ciudad europea. Quince años después, en 1896, se inauguraba el espectacular Teatro Amazonas, totalmente equipado. Tenía hasta 198 lámparas de araña provenientes de Italia.

Manaos

EL AMAZONAS A PIE

En 2010, Ed Stafford se convirtió en la primera persona en recorrer a pie el curso del Amazonas, desde su nacimiento hasta el mar. Tardó 860 días en hacer los 6992 km del trayecto.

BRASIL

Río Purús

La selva tropical del Amazonas, la mayor del mundo, con 6 millones de km², genera más del 20% del oxígeno de la Tierra.

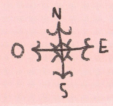

COLOMBIA

BRASIL

Río Caquetá

Desde 1970, la deforestación, sobre todo para que el ganado pueda pastar, es aproximadamente como el tamaño de España e Italia juntos. Esto genera dióxido de carbono, que contribuye al cambio climático.

AVENTURA EN KAYAK

En 2010, la presentadora de televisión Helen Skelton completó la más larga travesía en kayak en solitario jamás realizada: 3235 km por el Amazonas. Remó 12 horas al día durante 6 semanas, a pesar de las llagas en los pies, la deshidratación y la enfermedad. Incluso superó que se hundiera su kayak.

DELFINES CON MAGIA

Se cuentan extraños relatos sobre los delfines rosa del río. Dicen que si te bañas solo, te llevan hasta una ciudad sumergida llamada Encante y jamás regresarás.

La superstición de que matar a un delfín da mala suerte ayuda a proteger la especie.

LA CHICA QUE CAYÓ DEL CIELO

En 1971, un rayo alcanzó el avión de Juliane Koepcke. Esta joven de 17 años se precipitó a la selva desde 3 km de altitud, aunque solo sufrió lesiones leves. Guiándose por los sonidos de las aves acuáticas, llegó a un gran río y descendió por él diez días. A veces flotaba sobre las aguas profundas, consciente de que las pirañas atacan en el fondo. Finalmente llegó a un campamento maderero y la rescataron.

UNA MALDICIÓN BESTIAL

Se dice que un hombre sabio descubrió el don de la vida eterna y los dioses lo castigaron transformándolo en una bestia. Algunos afirman que este animal enorme, peludo y de larguísimas garras es el Megatherium, un perezoso gigante que se cree extinto.

El Amazonas nace de una maraña de ríos en Perú y está repleto de vida. Un tercio de todas las especies vegetales y animales viven en esta selva tropical. La vegetación de sus márgenes es tan densa que no existe un solo puente que lo atraviese.

Rememos río abajo y escuchemos sus historias. Estas aguas turbias rebosan magia y, en ocasiones, peligros.